Gadael Rhywbeth

Iwan Huws

Cyhoeddiadau
barddas

℗ 2019 Iwan Huws / Cyhoeddiadau Barddas ©

Argraffiad cyntaf: 2019

ISBN: 978-1-911584-22-3

Cyhoeddwyd gyda chymorth ariannol Cyngor Llyfrau Cymru.

Cyhoeddwyd gan Gyhoeddiadau Barddas.

Argraffwyd gan Y Lolfa, Tal-y-bont.

I Georgia a Now

Cynnwys

Cyflwyniad

Nes y byddant yn cael eu dal ar bapur fel yma, mae geiriau'n dueddol o grwydro a newid eu trefn o bryd i'w gilydd. Mae'n hawdd gadael iddynt symud am byth yn y gobaith y byddan nhw'n troi'n rhywbeth gwych rhyw dro, dros yr wythnosau neu'r blynyddoedd nesaf – y geiriau bychain yn mynd ati'n ddiwyd i ddechrau trwsio ei gilydd a threfnu eu hunain yn ddel, a dweud 'rŵan!' A finnau'n eu dal, yn crafu eu siapiau i'r papur, cyn sylweddoli nad oes gen i lawysgrifen bellach. Dwi wrthi'n ailddysgu fy hun sut i ddal beiro, ces fy nal rhwng dwy stôl; 'a poor likeness,' cwyna'r geiriau, 'byddai'n well pe byddet wedi peidio.' Gwn hynny'n iawn. Dwi'n sâl gan ofn wrth fynd ati i dywallt concrit dros eu pennau. 'Peidiwch â symud!' gwaeddaf arnynt. 'Peidiwch â gwingo! Gadewch i mi eich trefnu!'

Dyma gyflwyno fy nhalp o goncrit; fy ngherflun i'w osod yng nghefn yr ardd yng nghysgod y gwrych, i ddod i'r fei dim ond pan fydd y coed yn foel. A finnau'n dweud yn falch mai fi wnaeth hwnna, ond ei bod hi'n rhy oer heddiw i chi fynd i edrych yn agos.

Pan ddaeth yr haf ataf

A phan ddaeth yr haf ataf
i ddiosg ei dillad,
ei dail mân
yn danau bach o flaen y gaeaf,
yn denau,
wedi rhoi gormod
a finnau ddim yn gwybod
beth i'w gynnig,

dyma fi'n deud,
'Dwi wedi plygu'r ardd i mewn i'r bin
a'i gadael ar y pafin,

efo'r holl fân bethau
nad o'n i'n disgwyl fyddai'n tyfu
trwy'r wal gefn,
tra 'mod i yn y tŷ
yn chwarae babi.

A'r pethau o'r parciau –
mi wnes i adael y rheini
ar loriau, dan wadnau, ar feinciau,
heb wybod tan rŵan
'mod i'n gadael rhywbeth.'

Rhywbeth dwi'n fodlon ei adael,
yn aflonydd,
yn dal i rygnu hyd y strydoedd,
yn dal i geisio cwrdd ar hap mewn caffis
a chyfleusterau babis,
heb ddeall eto
'mod i wedi mynd.

Ella y dylwn i fod wedi deud –
neu adael nodyn –
rhywbeth mwy cadarn na gardd mewn bin.

Rhyw sioe, ella,
a phawb yn rhewi a syllu:
wynebau'n wyn
a'u genau'n disgyn wrth ein gwylio
yn mynd cyn Medi.
Tân gwyllt cynta'r tymor,
tri'n mynd tua'r môr.

Agorwch y gwin,
byddwch yn gas i'r sawl sy'n gweini
am nad ydyn nhw'n deall
'mod i wedi gadael rhywbeth.

Mis mêl

Cofia fi, dramor,
'di gwisgo'n wahanol,
tynna fy llun efo llyfr perffaith
yn fy mhoced din.

Cofia fi, ddim yn unig,
ond wedi priodi,
yn hapus fel hyn,
byth yn aros, wastad yn mynd.

Cofia fi,
yn ddau ddeg tri,
unwaith, 'fo chdi,
dim ond am unwaith 'fo chdi.

*

A chofia'r diwrnod ola
pan ddaeth y storm i mewn o'r de
a'n gyrru at y tŷ –
at y dillad glân
a'r gwely.

Cofia fi.

Gwanwyn

Mi wnes i deimlo'r gwanwyn heddiw
ar fy nghroen,
a gwelais iddo
godi o fy mlaen
i dynnu'r gwair drwy'r rhew
a chodi'r llawr yn flodau mân.

Cariais fy nghôt i lawr at yr harbwr
a gweld pawb yno mewn dillad haf,
a meddwl,

sut y cawson nhw wybod cyn fi?

Weithiau

Weithiau,

wrth godi, mi fydda i'n meddwl 'mod i
'nôl mewn rhyw ystafell y bues i'n byw
ynddi rhywbryd o'r blaen. Nid yr un
ystafell ydi hi bob tro. Mae'n amrywio.
Mae fel petai fy mywyd wedi ei blygu
a'i stwffio i mewn i ddrôr dros nos, gan
wasgu darnau annisgwyl at ei gilydd, a
pheri i mi gerdded i mewn i waliau.

Defodau

Mae 'na rywbeth wedi newid
ond alla i ddim deud be,
dwi 'di troi'n rhywbeth newydd,
dwi 'di symud o fy lle.
Mae'r un oedd ar ei gythlwng
ac yn gollwng ei flawd lli
wedi ffoi, cyn i mi droi,
o symud atat ti.

A dwi'n synnu sut mae'n digwydd –
dim ond cwrdd, a dyna ni –
ond ti'n dewis dilyn llwybr
wrth ymroi yn llwyr i'r lli.

Dwi 'di dysgu gen ti, cariad,
ac yn dysgu mwy a mwy,
dwi 'di clymu rhuban ar y gwynt,
Duw a ŵyr i bwy;
ond dwi'n disgwyl y bydda i'n deall
pob un wefr sy'n symud trwy
ein llinynnau ni, y rheina sy
yn canu trwy bob clwy.

A dwi'n teimlo'r holl ddefodau
oedd yn segur am ry hir,
'mond am ennyd fach,
yn symud eto trwydda i.

A dwi'n teimlo'r peth yn digwydd –
y cwrdd, a dyna ni –
ti'n dewis dilyn llwybr
wrth ymroi yn llwyr i'r lli.

Mynd

Mynd â'r tir am dro

Faint sydd 'di mynd?
Ddim bob dim,
dwi'm yn meddwl.

Faint sydd ar ôl?
Oes 'na rywun
wedi dwyn y Swyddfa Bost?

Ga i warchod y tŷ
rhag ofn y daw 'na
rywun draw, rhyw dro,
a mynd â fo?

Ro'n i am ddod draw
ar ôl i mi ddod 'nôl
i roi bob dim yn y car
a mynd lawr at y môr
a deud:

'Mi fydd bob dim yn iawn yn y diwedd,
ac mi gei di fod yn llonydd eto.'

Os ga i gyfle i fynd,
cyn i bob dim droi'n rhywbeth arall,
mi af â bob dim
i lawr y lôn gul
at y môr,
a'u dal nhw'n dynn
a deud,

'Mi fydd bob dim yn iawn yn y diwedd,
ac mi gei di fod yn llonydd eto.'

*

Cul

Mae dy gar di'n rhy fawr,
malu cloddia,
alla i ddim gwasgu heibio yn fa'ma.

Mae dy gar di'n rhy fawr,
torri briga,
dwi'n gadael olion teiars ar fy Ngwalia.

Cer 'nôl,
mae dy gar di'n rhy fawr
a fi bia
y patshyn yma.

Fi,
mewn ffos,
pwysau gwaed,
mân wythiennau
yn boddi mewn poer ci,
clustiau 'nôl,
ysgwyddau'n torri,
ac yn gweiddi
fod dy gar di'n rhy fawr.

*

Porthor

Hel llwch mewn hen dŷ ha',
byth yn mynd ar wylia;
fi sy'n llnau y ddresel 'na,
'sna'm byd yn y cypyrdda.

Bwydlen ar fwrdd gwydr
a'r lle'm yn 'gorad erbyn hyn;
fi sy'n cadw'r llestri'n wyn,
cadw sbrings y gwely'n dynn.

Llwch yn cyfarth wrth y drws
a llwydni'n stelcian yn yr ardd
wrth drio dod drwy dwll y clo:
agora'r drws, maen nhw'n curo.

... agor y drws maen nhw'n pwyso ar y drws yn curo ar y
drws yn pwyso ar y drws yn curo ar y drws yn pwyso ar y
drws yn curo ar y drws yn pwyso ar y drws yn curo ar y drws
yn pwyso ar y drws yn curo ar y drws yn pwyso ar y drws
yn curo ar y drws yn pwyso ar y drws yn curo ar y drws yn
pwyso ar y drws yn curo ar y drws yn pwyso ...

*

Guano

Mae hi'n mynd
yn ara' deg,
mae hi'n mynd
gan adael dim byd ar ôl,
dim ond hen olau gwyn.

Jest fel duw,
a'i chlychau bron o fewn clyw
ar y gwynt,
gad iddi fynd;

gad Gwales yn wyn dan y *guano*
a'i brain hi 'di mynd.

Wyt ti'n gweld y tŵr
a'r bobl yn mynd a dod
drwy'r eglwys wrth y dŵr?
Jest tre mewn rhew –
twrw tan bump drwy'r wythnos,
ac yna,
dim.
Jest twrists yn mynd trwy eu petha
a sŵn bach y gwynt.

Radio

Dwi'n clywed dy lais ar y radio,
a dwi'n mynd i blygu
i mewn i'r lle'r oeddan ni'n arfer bod
pan oeddan ni'n bell oddi wrth ein gilydd,
ar wahân,
a 'mond yn bodoli bob hyn a hyn.

Mi wna i blygu yno
am nad fel'ma fuom ni 'rioed,
er mwyn gosod fy llaw
yn erbyn y rhan sy'n cofio
sut oedd hi
cyn i ni gael hyn i gyd.

Ac, am eiliad, i deimlo
rhywbeth gwahanol i'r tŷ cysurus.

Dwi 'di tynnu'r llun 'ma'n barod

Dwi 'di tynnu'r llun 'ma'n barod
ac mae'r fraich yn llacio fymryn.
Troad rong i fyny'r lôn
a rŵan dwi'n ôl fan hyn.

Dwi 'di cadw
pum can machlud cyn heddiw
ar bapur: deg miliwn erw,
coed pin wrth y llyn, fan acw, fan hyn,
ci strae dan ffenest felyn,
unrhyw wal o unrhyw oes,
pob coes noeth ar y plastig gwyn,
pob gwisg genedlaethol,
pob wyneb gwahanol.

Dyma fi'n dal pob gwn yn UDA.
Dyma fi dros Awstralia.
Dyma fi'n casglu creiria.

Dyma damaid Beuno,
tamaid Ioan,
tamaid Pedr,
tamaid Crist.

Dwi'n disgwyl am Francesco
cyn rhoi *epoxy* dros y gist.

Ond dwi 'di tynnu'r llun 'ma'n barod
ac mae'r fraich yn llacio fymryn.
Troad rong i fyny'r lôn,
a dwi'n f'ôl fan hyn ...

yn disgwyl machlud
fel y bydda i'n disgwyl bỳs
mewn tre glan môr,
yn gorfod mwynhau gwyliau
a 'di tynnu'r llun yn barod.

Frances, '45

Ar ôl darllen am ymgyrch Dainiji Tan Sakusen
yn ystod misoedd olaf yr Ail Ryfel Byd.

1,600 milltir yn Frances, '45,
cadw llygad ar y tywydd
cyn i ni fynd.

1,600 milltir yn Frances, '45,
dau ddeg pedwar pâr o adenydd
yn y gwynt.

Fe ddaw'r haul o'i fachlud,
mae'r lloer yn codi heno
a'r storm yma a ddaw'n
law mân dros America.

1,600 milltir yn Frances, '45,
gwylio'r tywydd yn pasio
wrth i ni fynd.

Plentyndod

Wnes i 'rioed ddychmygu
y byddai plentyndod fy rhieni
wedi teimlo mor agos iddyn nhw
ag y mae f'un i i mi heddiw,
wrth ddal llaw fy mab.

Dyddiau du, dyddiau gwyn

Dyddiau du, dyddiau gwyn,
maen nhw'n dod ac maen nhw'n mynd
fel gweddïau ar y gwynt,
Duw a ŵyr be ddaw ohonynt.

Halltu'r dydd

Roedd heddiw'n ddiwrnod mor braf,
be am ei ladd o
a'i rowlio mewn halen?

Rhaid gwneud yn syth,
neith o bara am byth wedyn,
ei halltu a'i sychu,
ei grogi o do'r gegin.

Ei gario i'r tŷ,
ei osod mewn casgen
o siwgr a halen.

Ei rowlio, ei dorri,
ni'n dau'n mynd ati
i drin y briw yn y cig byw.

Roedd heddiw'n ddiwrnod mor braf,
gad i mi ei gadw,
mae gen i ffydd yn fy ngallu
i halltu'r dydd.

Pan oeddwn i'n ifanc ac yn dal malwod

Pan oeddwn i'n ifanc ac yn dal malwod
ac yn eu bygwth gyda'r injan goch sydd ym Mhwllheli,
ni feddyliais fod hynny'n od
pan oeddwn yn ifanc ac yn dal malwod.

Deud y bydda i'n disgwyl

Deud y bydda i'n disgwyl
yn yr un hen le
pan fydd y byd ar lanw
drwy lonydd cul y dre.

Mi fydd 'na flodau arna i,
nid blodau sipsiwn
na llysiau'r blaidd,
ond blodau bach y cloddiau,
rhai heb ystyr
a heb ryw fai.

Deud y bydda i'n euog.
Deud 'mod i dal yn hardd.
Deud eu bod nhw'n fy ngwylio
yn y drych uwchben y bar.

Deud y bydda i'n gorfod denig.
Dyro gelwydd efo'r gwir.
Deud y bydda i yno rŵan
a deud na fydda i yno'n hir.

Deud y bues i'n arwr.
Deud fod gen i esgyrn sant.
Gad amlen ar yr aelwyd
yn llawn plu adar a llythyrau plant.

Neidr

Dwi'n cofio colli neidr yn y tŷ
a'i gadael am rai misoedd
i symud trwy ein dillad
a thrwy ein cwsg ni i gyd.

Edrychais, un diwrnod,
a doedd ei dwy droedfedd
ddim yn y man a benodais ar ei chyfer.

Yn hytrach, aeth hi ar grwydr
trwy'r bwlch yn y gwydr,
datgysylltodd ei gên
a chwythu'r gwynt o'i phen,
a mynd.

Wn i ddim pam y gwnes i
greu drws rhwng y tu allan a'r tŷ,
a Mam yn chwilio'r gwelyau bob nos
am ryw ddarn diarth
a oedd yn mynnu symud
trwy ein dillad,
a thrwy ein cwsg ni i gyd.

Papur wal

Nathon ni symud tŷ,
y tri ohonom ni,
a chyfaddawdu
o ran beth i'w gadw
o dy bethau di,
fy mhethau i,
a phethau'r babi.

Ac wedyn, eu gosod yn daclus,
hyd y gallen ni wneud hynny,
mewn lle lle'r oedd eraill wedi bod cyn ni.

Ac yn y man lle fydda i'n gwneud paned,
mae 'na rywun arall yn ei hyfed,
yn sefyll yno hefyd,
yn fy nirnad i ar ben eu byd,
gan deimlo, yn eu stafell wely,
dy luniau di,
a lle'r oedd eu tŵls yn hongian o'r to,
rŵan – fy rhai i yno,
a Now'n gosod ei deganau,
yma, ac acw, hyd y lloriau,
yn annwyl ac yn flêr,
a dan draed hyd sawl llinell amser.

Tybed oedden nhw'n addasu'u cam
wrth fynd i'r gegin, neu'n gwasgu
trwy'r cyntedd i osgoi'r pram?

Tybed ydw i'n gwneud rŵan?
Yn gwyro 'nghwrs, neu'n sbio'n flin
i gyfeiriad llun a fydd uwch y lle tân.

Achos mae haenau paent a phapur wal
yn parhau am byth, heb bylu,
hyd yn oed o'u rhwygo lawr,
eu darnio a'u malu,
maen nhw'n aros, er hynny,
fel y dwylo a fu wrthi'n ddiwyd
yn gosod eu bywydau ar y byd.

Beaujolais

Wastad fel gwin Beaujolais,
yn harddach bob dydd
fel gwin Beaujolais,
yn law ar y Champs-Elysées,
Beaujolais, Beaujolais, Beaujolais.

Pan fyddan ni'n symud

Pan fyddan ni'n symud,
'dan ni'm yn symud ar wahân
ond yn sathru ffiniau'n gilydd
wrth i ni fynd o dân i dân,
neu'n llithro dros linellau
oddi wrth y sŵn sy lond y tŷ,
jest fel mynd ar wyliau
wrth y môr yn '93.

Pan fyddan ni'n symud,
yn llac neu'n llym,
yn sicr neu'n syn,
tydi o'n golygu dim i mi.

Pan fyddan ni'n symud,
pob un yn llosgi ar eu traed
fel canhwyllau hyd y strydoedd
yn symud at ryw le lle mae
dwy fil yn disgwyl yn y stesion
rhag y twll ym mhen y stryd,
a'r ysbrydion dan y gwely
mewn rhyw le lle roedden ni.

Blodau ar dân yn Sbaen

Ni welais hi'n caru cyn hynny, na,
nes ei weld o yn camu 'mlaen
i fyd y cafodd o'i fenthyg
tra bod ei thad hi mor bell yn Sbaen.

A fi oedd y llatai, mi welais bob dydd,
mi welais hi'n colli'r mis,
a'r wefus yn gosod tair cusan
ar wddf fyddai'n talu'r pris.

Ac mi welodd fy nyn i y cwbl,
mi welodd be fuodd mor blaen –
y coed yn oer ar yr aelwyd
a'r blodau ar dân yn Sbaen.

'Pwy fuodd, pwy fuodd â'n hogan i
tra 'mod i ar goll yn y byd?'
Mi ddwedais, am dri deg darn arian,
pwy wnaeth, sawl gwaith, pa bryd.

Ac mi es i â marc ar fy ysgwydd
ond â 'nghroen i yn fyw dan y staen
tra oedd y coed yn oer ar yr aelwyd
a'r blodau ar dân yn Sbaen.

Lle'r awn ni i godi hiraeth?

Lle'r awn ni i godi hiraeth?
'Dan ni 'di bod ffor'ma ganwaith o'r blaen –
y deryn bach uwchben y tŷ
a'r hyn a ddaw o un llaw i'r llall,
yn ddall hyd ddillad y gwely.

I be'r awn ni i godi hiraeth?
Ganwaith bûm i yma;
ganwaith y dof eto –
y deryn bach yn nrws y tŷ,
a ddaeth yn syth o lygad haul
i'w gael ar agor i mi.

Plu deryn bach
ar wely'r plas,
o loriau'r tŷ hyd at y to.
Ond i be'r af i godi hiraeth?
Do'n i ddim gwaeth
na thrio dofi'r llatai
sy'n torri angor,
yn mynd trwy'r ddôr
yn wyllt fel y môr
ac yn ddi-fai.

Diwedd y dydd

Ac mae ffrindiau'n symud
i dai gwahanol,
yn mynd ac yn tyfu,
mewn cariad, weithiau,
weithiau'n ffraeo, weithiau'n cymodi,
eu traed yn cyffwrdd yn y gwely,
a'u hanadl yn llenwi'r tŷ,

yn codi,
gan wasgu'n erbyn y muriau
a llifo'n gymylau
o bob ffenest a chorn simdde

i'r nos,
cyn disgyn
yn ddistaw bach
fel tarth
o gwmpas y coed.

Tyrd, olau gwyn

Tyrd, olau gwyn,
dros y gorwel draw i gychwyn,
mae 'na un fan hyn sydd ar dân i fynd
ac na fu 'rioed yn un am erfyn.

Tyrd, olau gwyn,
gad i mi fynd ar adain aderyn,
ddaw 'na ddim o fudd i ni
o greithia dwfn hen dennyn.

Tyrd, olau gwyn,
heb fôr na thir na therfyn,
dwyt ti'm yn cl'wad sŵn traed?
Sŵn y gwinadd a'r gwaed?
Mae'r fintai fawr ar gychwyn
yn barod i fynd, olau gwyn,
fel adar mân i'th ganlyn.
Yn frodyr, chwiorydd,
yn llawn hwyl neu'n llawn cerydd,
mewn miri neu'n marw ers meitin.

Gad i mi fynd, olau gwyn,
neu, ar Grist, mi rwygwn
bob gewin ar graig a mur,
ar haearn, ar ddur,
ar gyrff, ar gariad,
ar bob awr a phob eiliad,
ar lanw a thrai,
ar air, ac ar fai,
yn bererin ar bigau i gychwyn.

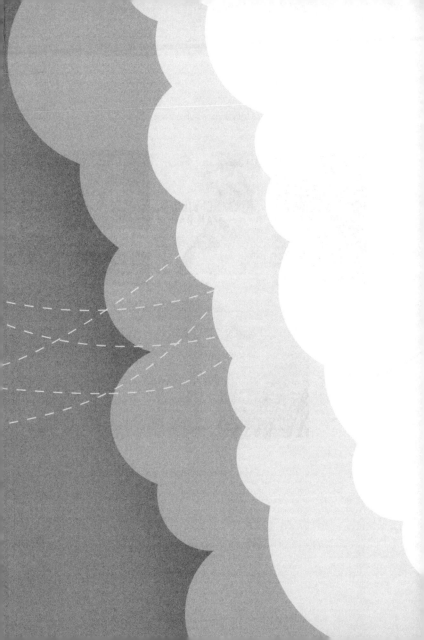

Hefyd yn y gyfres: